레몬 사탕

레몬 사탕
나는 언제나 이방인

ⓒ최은영, 2023

초판 1쇄 2023년 9월 5일
개정증보판 1쇄 2023년 11월 11일

지은이 최은영
편집 전미경
교정 김다솜
디자인 김지혜

펴낸곳 도서출판 여심
등록 제2023-000085호(2023.7.31)
주소 (03168) 서울시 종로구 경희궁로 57, 광화문스페이스본 202-1016
전화 02-737-2023
전송 0507-1795-1543
전자우편 likeawind80@yeosimbooks.com

ISBN 979-11-984190-3-3(03810)

YEOSIM
시선집 01

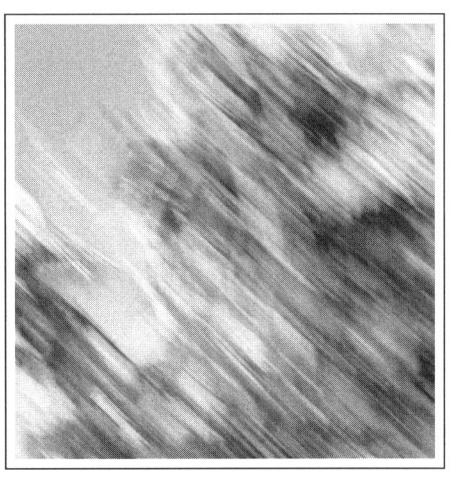

레몬 사탕

―――――――――――――――――

언제나 나는 이방인

최은영 지음

| 시
| 인
| 의
| 말

밤하늘 짙어 어두울수록
나는 한 없이, 한없이 새 하얀
하늘을 유영하는 별이 됩니다

2023. 9.
최은영

차례

시인의 말 · 5

I

프리즘 · 13
유레카 · 14
공염불 · 15
거리의 고양이 · 16
레몬 사탕 · 18
봉선화 · 19
바람의 손끝 · 20
어린 날의 착각 · 22
노란 카나리아 · 23
버뮤다 삼각지대 · 24
아틀란티스와 새 · 25
마리아의 손수건 · 26
뼈 · 28
융프라우로 가는 기차 · 29
파르르…… · 30

Ⅱ

지구 · 33

너, '시(詩)' · 34

비 내리는 오후의 전경 · 36

라스베이거스를 떠나며 · 38

세레자데 세레나데 · 40

Zara, 2022. 10. 1. · 42

단두대에서 · 44

이별은 · 46

잎새 하나 · 48

기억의 습작 · 50

빨간 레일 · 52

과녁을 향하여 · 54

아름다운 베니스 · 55

광대의 뼈 · 56

피의 잔혹사 · 57

불티 · 58

꽃의 부활 · 59

장미 · 60

성냥 두어 개 · 61

푸른 안개꽃 · 62

만추 · 64

*(Astro) · 66

III

안부 · 69

모란이 피던 날에 · 70

물풍선 · 71

모래시계 · 72

새옹지마 · 73

판 · 74

명태 · 75

이곳에서 · 76

봄-마당 · 77

가시던 날, 가랑비 · 78

가을밤 · 79

삼가 고계의 명복을 빕니다 · 80

바다가 되려거든 · 81

나비야 · 82

분실물 · 83

청계천(青鷄天) · 84

나는 새라오 · 86

나, 바라는 것 · 88

해설

노란 카나리아의 시인 / 이병금 · 90

I

프리즘

들여다보는 빛들의 관음증
잘못인 줄 알면서도
마주할 자신 없어

처음 보았을 때부터
이별을 준비하고
어그러진 사랑을
되받아치는

나는 언제나
각진 모양새였다

유레카

기쁨과 놀람의 향연

무지에서의 자유는
스스로 쇠고랑을 채우고
앎이 주는 고통과 책임은 부재

허공에 흩어지는 입김처럼
새벽녘 시계 초침 소리처럼

공염불

언제나 관찰만 하지
해가 언제 떠서 언제 지는지
저 별은 어디서 어떻게 짝지어졌는지
달이 불렀다가 홀쭉해
핼쑥해진 얼굴을 보고 안타까워하지

이따금 니체가 사주팔자 보는 소리를 하고는
돌아서서 성경을 본다고
목탁을 두드린다고

애꿎은 염불은 이제 그만

거리의 고양이

(책장을 넘긴다)

        괘씸한 고양이
         나를 할퀸다

      예리한 칼에 베인 것처럼
      나의 생채기에서 피가 난다
      나는 본능적으로 핥고는
     책을 덮어 고양이 숨통을 누른다

(커튼을 젖힌다)

        고양이 한 마리
        담장에 앉았다

        발바닥을 핥으며
       간밤 내린 비에 젖어
      떠는 몸으로 열쇠를 푼다

        경계하는 눈빛
         뒷걸음질

나는 책을 열어
고양이가 죽지 않았음을 알렸다

       그제야 다가오는 발걸음

   이만큼,
  서로의 거리만큼
열리는 마음인가 보다

레몬 사탕

해도 달도 보이지 않는
도시 한편에서
나는 새벽을 맞이한다

애가(elegy)를 연주하던 찬바람이
코끝을 스쳐
돌연, 내 폐부를 찌른다

시큼한 레몬 사탕 맛!
내 모든 역사의 실체이자
잔인한 삶의 굴레

끝을 보고도 달려가야만 하는 어리석음과
내 안에 울고 있는 작은 너를 보면서
달래주지 못하는 내가 한심하구나

봉선화

꽃반지 손에 끼고
화관 만들어 놀던
희미한 아지랑이 속의 유희

졸졸졸 도랑 따라
흥얼대는 시골길에
나는 어린아이로 수줍게 서 있다

풀피리 삑삑 불며
다슬기 잡을 때도
선명한 아침 공기 속의 표정

보슬비 줄기 따라
적시는 사잇길에
너는 봉선화로 발그레 피어 있다

바람의 손끝

한적한 초여름 이른 오후
햇살 한 줄기 책갈피 삼아
바람의 손끝으로 책장을 넘긴다

휘리릭 넘겼다가
멈추었다가
새소리,
붕, 붕, 붕, 꽃등에 방해로
더 이상 넘기지 못할 때쯤
산어귀 우렁찬 확성기 소리에
놀라 날아가버리고

덩그러니 놓인 나의 공간엔
다정한 꽃나비 이제는 없어도
풀잎 살결을 더듬던 손끝만 남아
방 안을 포만히 채우는구나

나도 너처럼 푸르러, 푸르러져

그대로
멈추어도 좋겠다

어린 날의 착각

둥근 달 뜨던 날 밤에
동구 밖 개골소리 요란하던 길

막걸리 심부름에 들고 나섰던
아이 손 주전자에 반짝이던 달

도랑 지나 외길 홀로 한참을 걷다
달을 떼내려 힘껏 달려보아도
여전히 내 머리 위에 떠 있었던

나만의 달인가
반가움에 기뻐하다가
온 세상 품은 달을 가늠해보니
달은 내 것이기도 남의 것이기도 하였다

어린 날 치기 어린 착각이었다

노란 카나리아

해질녘,
핏빛으로 물든 수평선 너머

검은 속내를 드러낸
발자국의 유해들을 따라
오히려 경계만이 밝았던 그때

까맣게 타버린 바다의 하늘 위로
한 마리의 노란 카나리아[*]

오, 나의 작은 새여
너는 노래를 하지 않는도다
제발 그 사라진 이름들을 위해
노래해다오
아름답고도 구슬픈 노래를

---

* 초승달

버뮤다 삼각지대

울음소리가 울타리 너머
커다란 배 아래 드러눕는다

속내를 알 수 없는 말간 인사에
드리워진 투명한 덫
알아차릴 즈음엔
때늦은 후회

모조리 삼키는 초신성처럼
그 특이점으로
너를 삼키고
나를 삼킨다

그럼에도 남은 것들은
따갑게 내리쬐는
저 태양을 향해
산산이 부수어
새들의 먹이로 던져주리라

아틀란티스와 새

하늘을 어깨에 메고
쉽사리 무너지지 않은 탓에
흑암 속 빛의 파동과 북소리에도
등줄기 땀 한 방울로
두려움을 씻어낼 수 있었다

언제라도 긴장할 수밖에 없는 너에겐
쉼이란, 논하기 어려운 주제
그저 한 마리의 신천옹만이
창공 속 위로가 되는

수많은 해와의 안녕을 끝으로

싸늘히 식어버린 새의 주검에
넋 잃어 등 돌린 발끝을 따라
위로와 정복의 배낭을 메고
그렇게 많이도 찾아오는구나

마리아의 손수건

탕!

총구가 뜨거워졌다
모두가 놀라는

1초
2초
3초

다시,

탕!

차라리 돌아보지 않았더라면
자신을 해하려는 것의 정체를
알고자 하지 않았다면

아마,
목숨만은 건졌을지 모른다

그가 보고자 한 것은
메두사의 얼굴처럼 잔혹하기에
하얀 손수건으로
눈을 가려주나 보다

뼈

남은 것이 하얗게 드러날 때까지 핥아먹는 하이에나
사자가 배불러 떠나기를 숨죽여 기다린다
오랜 갈망으로 인한 바닥의 한계

마른 뼈들이 서로를 부딪치며
타닥타닥 빈 소리를 낸다

융프라우로 가는 기차

나는 당신이 놓쳐버린 시간을 보고 있어요
가만히 응시하면서 저 멀리 떠나보냅니다

산허리를 돌고 나면 다시 볼 수 없겠지만
그 장면은 내 뇌리에 남아
오래도록 간직할 것입니다

파르르……

바람에 파르르 떨다,

　　　　　한 마리의 새가 되어 날아가는구나

II

지구

지구가 평평하다고 믿건
둥글다 밝혀지건
사유의 방식과는 상관이 없다네

그저,
지구는 자전하며 공전할 뿐

너, '시(詩)'

망망대해
인적이라곤 보이지 않는 이 섬에서
나는 무엇을 노래하는가
관객 한 명 없는 이곳에서
나는 무엇을 외친단 말인가

말하는 것은 의미를 잃었고
의미를 잃은 말은 소용이 없었다
그저 고독으로 남을 뿐
모든 의미는 고독으로 남는다
남은 것은 소멸을 의미하지 않음에도
소멸과 같은 나머지는 없는 것과 다름이 없었다

그저 입으로 후 하면 사라질 것들
그 허망한 무엇 때문에
그동안 울고 웃었던가
또 얼마나 괴로웠던가
날아가버릴 것들에 대하여
나는 노래했던가

그럴 가치조차 없는 것들에
나는 눈물을 뿌렸던가

시는 심장의 눈물로 쓰는 것이라 했던가
내 심장은 이미 멎어 눈물도 멎고야 말았다

아, 나는 시를 쓸 수가 없도다
시야, 나의 이 허망함을 대신 노래해다오
나의 노래는 너, '시(詩)'였다

비 내리는 오후의 전경

터벅터벅
또각또각

모두 제 갈 길을 아는 듯, 바삐 걸어가는데
갈 곳을 잃어버린 두 발걸음은
빗물 젖어 옹색한 구두처럼

그이와 함께 언제라도 들렀던 선술집에서
맞장구쳐주던 주인장의 털털한 웃음소리
솔직할 리 없는 나의 표정과
알아챘을 리 없는 주인장과의 대화는
무슨 해답이라도 찾은 듯 껄껄대었다가
돌아서는 등 너머로 헛웃음을 지어본다

맑고 투명한 눈물은 가슴 속 타는 듯한 뜨거움으로
뿌옇고도 하얀 기억의 잔상을
순결하고도 새빨간 불꽃으로
남김없이 불살라

너와 함께했던,

식어가는 달그림자 드리운 그곳으로 흩날려 보내리라

이내 멈추었던 비가 다시 내리려나 보다

손끝 사이로 떨어지는 한두 방울의 투명한 피

라스베이거스를 떠나며

인생은 게임 같은 것

미래를 담보로 슬롯을 당기는 사람들
빨간 체리가 담긴 마티니 한 잔으로
순간의 시름을 달래보는 사람들
광기의 눈빛과 비틀거리는 몸짓으로
사막 위 황홀한 잿빛 하늘을 이룬다

신기루 속의 탕아들
모두를 잃고서야 얻는다는 것은
당연한 이치란 말인가

어느덧 태양은 떠오르고 어제는 지나
내 꿈, 사랑 그리고 미련
모두 그곳에 버려두고서
한순간도 내 것으로 여기지 않았던 것처럼
표정 없이 정을 떼어 떠나리라

끝없는 지평선을 이루는
빛과 어둠의 경계 사이로의 질주

한계란 마치 없다는 듯이
끝은 존재하지 않는다는 듯이

세레자데 세레나데

무심코 열어본 너의 사진
나와는 상관없이 흘러간 세월
너는 그렇게 거기 있고
나는 여기에 있어

매직으로 칠한 듯 노란 숫자 *1* 이
이별을 함부로 말하지 말아야 한다는 교훈을 남긴 채

위성이 제 궤도만을 돌아야 충돌이 없는 법
너를 사랑하지만 사랑한다 말할 수가 없다고
모든 의미가 퇴색해버린다고

너는 퇴색이 두려웠던 거야
사랑하기가 두려웠던 거야
나는 둘 다였던 거야

밤이 지나 새벽녘엔
싸늘한 꽃들이 남긴, 시체의 허(虛)

그 순결하고도 성스러운 죽음만이 그대를 잠재웠지
그대 속 악마를 위한 제물이었다

너는 나에게
나는 너에게

우린 시작조차 없으니
끝도 없다

Zara, 2022. 10. 1.

일종의 방언처럼
가수는 음악에 자신을 녹이고 있다
그 과정은 마치 성막에 들어가는 제사장이 되어
거룩한 의식을 행하는 것과 같았다

괴성을 지르다가 신음을 하다가
영혼의 물결이 온몸을 휘감아
하나가 되기를 바라
마치 산고를 겪는 여인처럼 녹초가 된다

신음은 탄생을 예고하지만
아직 이르지 않음을 말하듯
가수는 애타게 그 순간을 고대한다
그럼에도 일부러 소리 내는 까닭은
적어도 절정에 기여하리라는 믿음 때문일 것이리라

그때가 오면,
가수는 완전히 다른 사람이 된다

무대를 장악하고 관중을 사로잡는다
그리고 음악의 문외한으로 하여금
이러한 고백을 하도록 하는 것이다

술에 취해 휘청거리는 것이 아니야!
난, 음악에 취한 거라고!
이봐! 와인 한 병 더! 라고

단두대에서

마리 앙투와네트는 죽었다
자유주의는 발화한다
그리하여
자유는 날개를 달 것이다

단두대의 선혈
과거의 찬란하리만치
붉기도 하였다

까마귀의 횡단만이 죽음을 애도할 뿐
나머지는 자유의 함성을 질렀다

한 사람의 눈물이
많은 웃음꽃 피울 수 있다면,
그것은
죄인의 성수(聖水)가 되리라

자유
그 누가 누구를 구속한단 말인가

이 말도 안 되는 형국은
오늘날에도 연출되는 것이 우습다

이별은

가장 슬픈 별
이 별
이별

이 별은 숨어 있어야만 해
밖으로 나오면 이 땅의 모든 연인들은 슬퍼지고 말아

별은 알고 있는 것이다
자신이 얼마나 마음 아픈지
저를 따라나선 이의 눈물을 모를 리 없다

이런 슬픈 사랑 방식 때문에
별을 사랑하고도
연인이 아닌 별 보는 방랑자로 남아
멀리서 지켜보는 바로 그다

홀로 이어가는 그에게
오늘도 통보하는 이별

정처 없이 떠돌던 그의 영혼은
커다란 궤적을 남기며
부서지고 또 부서지기를 반복한다

그러는 동안 밤은 깊어만 가고
어둠이 짙을수록
별은 더욱 빛나 반짝인다

잎새 하나

켜켜이 쌓여가는 그림자 위로
외로운 발자국
우두커니 가로등 밑을 서성이다

차가운 바람
뺨을 타고 내려온 이를 만나면
소스라치게 놀라는 어깨였으므로

낯선 이 땅
언제나 나는 이방인
수천 년이 흘러도 여전히 타인

그늘 하나 없는 나를 기댄 나그네를
위로할 수 없는

그나마 남았던 잎새 하나
바람에 띄워본다

추락하는 것은 날개가 있다 했던가
나의 잎새 하나는 떨어지는 순간에도

환희의 노래를 부르며
그 순간을 기다렸노라 말하고 있었다

그래,
나는 이별이었고
너는 또 다른 삶이었던 거야

기억의 습작

따스하고도 부드러운 바람결에
얼굴을 내밀어 흠뻑 취한다
매만지듯 가르는 바람은
어쩌면,
태곳적 누군가의 숨결에서
새어나왔을지도

내가 웃으면
그가 웃는다

함께 있으려
내 안에 널 가둔다

가두어 놓은 바람은
더 이상 바람이 아닌 것을
존재의 상실을 통해
우리가 얻는 건 무엇이야
공갈 같은 유희의 대가는 잔혹하여라

지금,
바람이 지나간 이 자리엔
아무것도 남아있지 않는다

여긴,
망각의 시공간

빨간 레일

행간이 서럽다

빨간 사닥다리 넘나드는
검은 연기의 궤적 따라
공중으로 흩어지는
젊음의 혼백이여

아서라
그도 역시 뜨거웠다

활활 타올라
마침내
하늘로 하늘로
날아오르나니
네모진 가슴 속 허공을
빽빽한 아름다운 말들로
너와 내가 채워

힘차게 박차를 가해
땅끝, 어딘가 분명히 있을
약속의 땅
아틀란티스로

어서,
열차야 가자

과녁을 향하여

활대를 떠나는 순간 뒤돌아보지 말 것
머리는 앞을 향하라
뒤는 궤적을 남길 뿐이다

직선을 기대하지 말아야 할 것은
저항을 견디며 그리는 포물선으로만
화살은 날아간다

바람은 당연하다
기우는 물론이다

두려움에 떠는 화살촉에게
정곡은 자신을 허락하지 않는다

이미,
활시위는 당겨졌고
화살은 활대를 떠났다

아름다운 베니스

아름다운 베니스여

너의 향기는 풍요와 승리의 소식일지라도
칼부림과 침략의 대상일지니
이를 어이할꼬
목을 조여 정박해둔 배들처럼
바다를 향하는 네 마음을 가두어놓는구나

자유로운 야생마를 꿈꾸는 너는
하지만 바다 위에서는 위험하다
그러나 묶여서는 지지 않은 해를 볼 수가 없구나

주저 말고 에메랄드 빛 바다를 가르라

태양이 떠오르는 저곳으로 가자
비록 수평선 너머의 공포가 우리를 기다릴지라도

광대의 뼈

나의 맥박은
나를 향하여 *죽어! 죽어!* 라 외치며
발길질하는 박자와 닮아 있다
구둣발로 엉킨 코트 뒷면은
흙 조금과 발자국들로 얼룩진 지 오래

슬픈 표정의 뼈에로는
미리 눈물 자국을 그려놓고
무대 위에서 웃는다

광대들의 연기가 끝나자마자
관중들의 뜨거운 갈채가 이어지고

환호 속 무대 뒤를 돌아
눈물 자국을 지워내며 말한다

산다는 것 자체가 연극이야! 라고

피의 잔혹사

투명한 샬레에 떨어진
붉은 선홍빛의 장미

홑겹 하나하나를 벗겨
마침내,
향그러운 텅 빈 공간만이
그의 존재를 기억한다는 듯

이미 그 꽃은 붉어
더 이상 붉을 것도 없어
벗겨내야
속이 시원했다

헝클어진 머리채에
쏟아지는 피

바닥이 물들수록
숨은 희미해져간다

불티

모두 가로로 걷는 어디쯤
땅거미 짙어 바닥의 경계도 희미하다
피비린내 나는 전쟁터에도 꽃은 피는데
발 끝 내딘 이 공간은 그 어디에도 마른풀조차 없다
어둠이 앗아간 생동의 꿈은
동트는 새벽에 이르러서야 침묵 속 행진을 한다

화톳불의 작은 불티처럼
공중으로 날아올라 허공에 사라진다 해도
티끌 같은 불씨로 다시 밝힐 수만 있다면
이 작은 불꽃 하나 피울 수 있다면

꽃의 부활

장미 한 송이 꺾인다 하여
슬퍼 말아라

곧,
다시 태어날
준비를 하려는 것이다

장미

한 줄기 초록빛이 손을 뻗는다
그 손은 잽싸게도 주변을 움켜잡아
그것에 의지한다

또 다시 뻗어, 뻗어

어느새 점령당한 꽃들의 무대

주인공이 뒤바뀐 이 황당 속에
부끄러워 뽀얀 꽃망울 보이거든

피고 지는 무덤을 뚫고 피어난
품 안의 멍울들은
핏빛 향기를 토해내고

성냥 두어 개

곰방대 위의 몸 사름과
촛대에 올라 온기를 전해주던
그 은혜로움이여

이젠,
하얀 이를 드러낸 자국과
까맣게 얼룩진 성냥갑 통엔
덩그러니 누워 있는 성냥 두어 개만이

그저 찬란히 불살랐으면 그만이다

제 소명을 다한 바
아쉬움이 없으리라

푸른 안개꽃

안개 자욱한 숲속에 아침이 이르자
정령들은 저마다의 곳으로 숨어버리고
햇살 한가득 숲속을 훑으며 들어온다

아마빛 머리 소녀의 머리결을 빗어 올리듯
나무 틈 구석구석을 쓸어낸다

아마도 정령들의 집은 그림자일 거야
빛이 가만두지 않을 테니까

아침의 엄포에 놀란 숲속
새들은 푸드덕거리며 날아가고
어둠은 숨는다

곧이어 계속되는 예언들

달님은 자장가를
올빼미는 사냥을
그리고 정령들은 장난을 치지
그 때문에 아침이 되어서야 비로소 고요가 오는 거란다

창문 밖에 기대어 선 아침은 내 귓가에 속삭이고는
대롱대롱 매달린 꽃송이를 가득 안고
나무 사이 안갯속을 쉼 없이 걸어가고 있었다

만추

마당에 빨래를 널어본다

아버지의 새하얀 러닝샤쓰
내 초록색 학교 체육복
누나의 찢어진 청바지
때 묻어 반질거리던 화투판까지

하나씩 하나씩
허공에 탈탈 털어
조금의 주름을 허락하지 않고

바람이 불면 부는 대로
비가 내리면 내리는 대로
내버려두면
저 푸르던 것이
가을의 햇살에 발갛게 익어
금물결 들판을 휘젓다가

끝내
자신의 모든 시간들을
바닥에 털어낸다

앙상한 빨랫줄에 남은
바짝 마른 양말 한 켤레가
어색하게 웃을 뿐이지만

기억은 다시 땅으로 스며들고
다시 태어날 준비를 하는 것이다

금잔화로 남은 나의 사랑이여,
안녕히
그리고 또 안녕

*(Astro)

한파가 오는 동안
잎사귀를 떨굴 새가 없었는가 보다

하얗게 서리가 껴
얼어붙은 그대는
겨울의 에델바이스가 되었다

III

안부

여린 잎 뽀족이도 솟아나 오르더니
본색은 아니 나고 아직도 흐리는가
백(白)옥이 고결해도 청(靑)해야 하건만은
가만히 안타까워 물을 대어 보노라

모란이 피던 날에

모란이 피던 날에 후원으로 나섰더니
나* 오기를 바라는 이와 바라지 않는 이가 있어
벌을 쫓으려던 것인데 내가 쫓겨나게 되었으니
누구를 탓하런가 그인가 나인가

* 진헌공의 세자 신생

물풍선

벌떡이는 심장을 터트려
내 피는 붉었지만 맑았다
말하노라

이 몸 부서져 한 줌의 부스러기로 남아
흩어진 눈물이 생의 흔적을 애도할지라도
곧 없어질 기억들을 아쉬워한들 어찌할 수 있으랴

모래시계

목구멍을 쓸어내리며 흘러가는 저들처럼
언젠가 모두 바닥을 기어 산을 이루게 되면
더 이상 떨어질 것도 없는 그 허공은
다시 무엇이라도 담을 수 있는 공간이 되겠지만

천지가 뒤집히지 않고서야
무엇을 기대할 수 있으랴

새옹지마

도저히 허한 마음 달랠 길 없어
술의 힘을 빌리자니 몸은 약해지고
오락거리 찾자니 흥미가 없구나

'세상사 새옹지마' 라지만,
이내 맘 텅 빈 가슴 무엇으로 채우랴

판

검은 돌
흰 돌
바둑알의 마찰소리
텅 빈 공간을 채우며
턴이 오가는 사이
흑백의 조화 속 대 사기극

무희처럼 판을 흔들어 놓고
숙녀처럼 차분히 다리를 모으니
서서히 드러낸 속살의 윤곽

묵향 담은 한 폭의 수묵화로
산세의 절경부터
올 곧은 난을 쳐도

결국,
이 작은 네모 칸에
가두어져 있구나

명태

나던 곳이 원래 찬바람 쌩쌩 부는 한류라오
잡혀서 물 밖은 따뜻한 줄 알았더니
물속이나 밖이나 그게 그거구먼

이름도 없이 반상에 올라 이름을 물어보는 이가 있어
모른다. 무명이라 한다 하니,
나던 곳과 잡아올린 자의 이름을 합쳐 '명태'라 하렷다

생으로도 잡아 잡숫고 얼려서도 두고두고 잡숫고
말려서도 뒈지게 패서 잡수어 드시는 건 기본이고
알창아리도 빼서 소금에 담가 절여서도 잡수시는데

국민 생선이라 사랑들 하신다고 하시더만은
내 친구 일가친척 모두 덕장에 대롱대롱 하는 꼴이라니
나 원 참, 이 꼴 저 꼴 뵈기 싫어 하늘만 쳐다보노라

이곳에서

하이얀 꽃닙 사뿐이 나릴 적에
맑아 투명한 계곡의 줄기 따라
송사리 떼 살랑이며 노니는구나

무심히 조약돌 하나 던져놓고
바위에 걸터앉아 봄볕을 쪼이노니
유유자적 이것이 신선놀음인가

대지를 가르는 곳 물줄기에서
밤에 죽고 낮에 일어나기를
태곳적부터 여태 이어져 있도다

나는야, 이 곳에서 그 세월을 헤아려
자연의 이치를 알고자 하나니
이보다 인간다움은 결단코 없으리라

봄-마당

살포시 오므린 꽃망울은
바람이 소곤대는 사랑의 밀어들로
뽀얀 두 뺨을 붉게 물들이고

담장 너머 훔쳐보는
새파란 것들 몇몇이 있어,
장대에 기댄 새하얀 홑청 이불
능청스레 손사래 치니

대추나무 위로 까치 날아
호들갑 떨며 까악까악
바닥에는 새똥이 딱

가시던 날, 가랑비

눈 들어 하늘을 보니
내 님이 오시런가

가시던 날 내리던 가랑비는
오늘도 슬퍼 젖는데
그치는 듯하다가 다시 오매
그대만 오시면 그날과 같겠고
다시는 이별이 없으리니

문득, 님 오실까 하여
이 맘 기뻐 웃노라

가을밤

산 너머 소쩍새 선창을 한다
어둠 속 적막을 깨치고
구슬퍼 아련한 새 울음소리

달빛이 갸우뚱 내려다보며
빙긋이 웃음 한 조각 구름에 걸쳐 앉았고
까만 개 산 끝을 따라 멍멍 짖는 가을의 밤

귀뚜라미 귀뚜르르 장단 맞추어
지휘자도 반주도 없는 가을 노래에
만월이 스르르 녹아버리는* 가을밤이다

---

* 하현달

삼가 고계의 명복을 빕니다

딱딱한 석회 속에 갇혀 있던 너의 역사는
아무도 알아서는 안 될 불가 영역
몇 번이고도 싸매고도 더 이상 숨길 수 없을 그때,
넌 그 속에서 홀로 창조의 신음을 하고 있었다

알지도 못하는 세상에 대한 호기심과
너의 탄생을 지켜보는 자들의 기대는
이유를 알 수 없는 손익계산서

너는 아브락사스의 껍질을 깨고도
모든 탄생에는 아무 이유가 없다는 듯
초연히 뜨거운 탕에 몸을 누인다

바다가 되려거든

일렁이는 파도 물결 멀쩡한 바닷길 물 가름에
시름 앓아 그리움 속 사무치게 우는 자여
한 방울의 눈물은 공기를 머금은 거품일 뿐
짠내 가득한 바닷물이 아니어라

네 진정 바다가 되려거든
수면 위 떠도는 부유물처럼 정처할 곳 있든 없든
바닷속 심연에 네 가진 모든 귀를 기울이자꾸나

반짝이는 바다 물결, 해 닮아 금빛 춤세 일렁거려
온통 아른아른 뗄 수 없을 눈동자여
한 방울의 구슬땀은 철저히 녹아 있는 소금일 뿐
그 이상도 그 이하도 아니어라

네 진정 바다가 되려거든
바다 입속 녹여낸 사탕처럼 형태 남아 있든 없든
물 밑 세상의 흐름과 고요를 즐거이 만끽하자꾸나

나비야

너는 새가 아니더라도
맘껏 날아오르자

너의 무게는 새보다 가벼우니
중력의 법칙 또한 주장이 낮지 않으냐

날고 또 날자
죽어 혼령이 되어도 날자

날아오르다 보면 너를 거스를 것 무엇일까
외려 벗어나게 되나니

나비야, 날아오르자
너를 누르는 자에 굴복지 말고
날아오르자꾸나

분실물

갈지자처럼 시원스럽다가도 이랬다가 저랬다가
겁먹은 듯 멈추었다가도 깜짝 놀라 팔딱 뛰었다가
할 말 없는 듯 점 하나 되어 보았다가도
뱅글뱅글 돌아돌아 춤추는 볼펜

네가 참으로 볼품없어 어떤 큰일 할까 했지만
너의 몸부림은 첫 대면부터 예사롭지 않았다

자는 자의 마음을 깨우고 웃음을 살려내고
꺼져버렸던 불씨를 신기하게도 피우는구나

네가 무엇인가 누구의 것인가 가만히 살펴보니
언젠가 잃어버렸던 나의 것이로구나

내 너를 도로 찾아 마음을 살리고 싶다
마음을 살리는 글을 쓰고 싶다

청계천(靑鷄天)

어둠 속 아롱다롱 주마등 향연처럼
흐르는 개울천은 까만 하늘 내게로 담아
가슴에는 반짝이는 별들을 수놓고

푸르른 날갯짓 창공에 펼치려니
붙들어 옷깃 잡아당기는 자 누구멘가

몇 날 동안 날개를 펴지도 접지도 못해
별빛은 사라지고 어둠만 남았던가

이곳과 저곳 이쪽과 저쪽을
자유로이 비상하며 창공(蒼空)을 누볐거늘

땅에 기대 물끄러미 바라본 누군가는
왜 이리 초라해 보인단 말인가

찬찬히 밤늦도록 물에 비친 나를
검증하고 검증해도 미궁 속의 미궁인데

불현듯,
달빛 한 줄기 내 귓가에 속삭이네

나는 법을 잊어버린 파랑새는 그저 푸른 닭이라네
푸른 닭의 하늘에서 푸드덕 날아봅세나

나는 새라오

주인이 닭 모이만 주길래 받아만 먹었더니
내가 닭인가 보다 하고 생각이 들더구먼

이따금 바깥으로 터져나오는 신천옹의 노랫가락
가지런한 백옥 깃털 삐져나오더구먼

좁은 닭장 안에서 닭답지 못하여 한 소리 쿵
새들의 나라에선 새답지 못하여 된서리 쿵

좁은 닭장 몸에 낀 채 나는 법을 배우지 못해
왜 나는 닭도 새도 아닌 걸까
날지도 못하는 새이거늘

소낙비 끝자락 처마 밑 알알이 맺혀
주르륵 흘러 담아 먹이통에 가득하고
하늘을 씻어낸 물은 그야말로 천상의 맛이렷다

빗물 먹어 비대해진 나의 몸은 녹슨 닭장 부수었고,

이제야 자유로운 하늘을 향해

비상할 꿈을 갖는 나는 새라오

나, 바라는 것

나, 바라는 것 무엔가
그저 이 육신 누일 곳 있으면 그만인 것을

바람도 욕심도 없으니 신간이 편안하고
세간의 눈초리에 겁 없으니 당당하며
억지춘향 할 일 없어 이 또한 자유로다

자유하는 새는 벗이 없고 돌아갈 거처가 없나니
이 내 몸 외로움에 남몰래 슬퍼 울 제,
시 한 자락 안주 삼아 술잔을 비우리라

해설

노란 카나리아의 시인

이병금(문학평론가)

삶은 원반처럼 둥글넙적할까? 네모 방처럼 창문이 나 있을까? 삶은 경계면 안에 있는가? 경계면이라니? 도대체 그 삶의 주인이 누구란 말인가? 주인이 있다면 살아가면서 그의 의식은 강도가 점점 세지는가? 결국 우주를 가득 채우는가? 한순간도 삶의 현장 밖으로 내동댕이쳐진 적이 없었으면서 끝내 버림받았다고 울부짖곤 한다. 툭, 놓아버리기도 한다. 최은영 시인이 이런 정체불명의 삶에서 건져 올린-수습한 언어 조각들의 집적물(배치물), 『레몬 사탕』(2023년, 여심) 속 쉰다섯 편의 시 묶음은 독자에게 삶이 무엇인지 묻게 하며 그 삶의 주인을 만나보고 싶게 한다. 왜? 그녀가 삶을 정면으로 마주하면서 만들어낸 언어건축물은 완벽하게 1인 공정의 결과물인 까닭이다.

그녀의 시에 다가갈 수 있는 열쇠랄까? 계단은 그녀가 언젠가 겪었던 사건(어쩌면 방향성을 얻지 못하고 뭉그러지고 말······)을 현재의 시점에서 의미화한 일련의 작업들이다. 언젠가 일어난 사건에 대해 시간성을 부여하는 현재의 그녀(기억에 새겨진 이미지로 한 편의 시를 만들어내는 그녀)가 있다. 그것은 퇴적암이 되어버린 사건들을 하나의 이미지로 끌어내는 특별한 해석이다. 마치 가스구름에서 별이 탄생하듯, 이미지라는 형상으로 기억의 조각들이 집중되기 시작한다. 이때 그녀의 욕망(에너지)은 감각적인 언어들을 입고 시적 공간을 얻어냄으로써 출구를 향해 운동한다. 그녀 시의 선명한 색조 대비를 통해 극대화되는 시각, 청각 등 통감각적 어법은 미적인 효과는 물론 의미까지 확장시킨다. 또한 시집 3부에서 시도하고 있는 시조 운율의 현대적인 이접작업이랄까? 여기서 보여주는 운율의 유려함은 그녀 내면의 시간이 굽이져 한곳으로 흘러들었으며 마침내 가락을 획득하여 터져 나오고 있다는 사실이다. 삶의 중심핵에 다가서려는 시인의 천착과 이를 담아내려는 언어 기술적인 문제에의 접근을 통해 그녀의 시(집)는 가볍지만은 않은 무게와 파동을 확보한다.

여기 봉선화가 피었습니다

아마 삶은 끝이 없을 것이다. 단지 순간 속에 팽팽해지고 밀도가 빽빽해진 삶의 마디가 부풀어 '여기가 클라이막스!'라고 어렴풋이 알려줄 뿐. 거기, 삶의 주인은 약동하는 생

명(자연의 힘들)과 동률의 리듬으로 춤추는 것, 그러므로 그런 삶의 시간은 선형적 시간이 아니라 강도의 세기로 말해질 수 있다. 삶의 끝점에 이른 사람만이 비로소 미립자의 꿈을 알 수 있으며 사건의 지평선에서 녹아내린 가슴으로 혹은 구멍 숭숭 뚫린 그물로 언어 몇 점 주워 올린다. 멈칫 자신을 돌아보니 내상이든, 외상이든 상처가 깊다. 오, 흐르는 피! 피를 멈추게 해야 하는데 어떻게 방법이 없다. 예리한 칼날은 더 깊이 쑤셔대고 나무망치가 몇 초 간격으로 내리치는 둔탁한 울림으로 머리통이 하얗게 비어갈 것 같다. 그녀의 새하얀 시간의 지평선은 상처에서 흐르는 선홍빛 피에 물들고 점점 짙은 색으로 패어간다. 이 모든 게 삶의 특이점에 이르는 과정이라니? 거기 이르러야만 시의 언어를 캐낼 수 있다고? 수직으로의 퇴적층을 어루만지다 보면, 온몸의 상처는 굳어가고 일부는 각화되어 벌어진 상처의 꽃무늬를 만난다. 순수한 욕망의 이미지가 부딪치면서 봉선화란 이름의 꽃을 피워올렸다. 하필 캄캄한 블랙홀로 빨려들기 전, 정신줄을 놓아버리고 싶을 때, 그 어린 시절의 봉선화를 만나다니! 그녀는 그 순간 사건의 지평선 밖으로 튕겨 나갈 수 있었다. 이제 별들이 흐르는 고요하고도 환한 바다가 물결친다. 시의 약방문이 통했던 걸까? 그녀는 시집의 얼굴처럼 「봉선화」를 세워두었다.

    졸졸졸 도랑 따라
    흥얼대는 시골길에
    나는 어린아이로 수줍게 서 있다

풀피리 삑삑 불며
다슬기 잡을 때도
선명한 아침 공기 속의 표정

보슬비 줄기 따라
적시는 사잇길에
너는 봉선화로 발그레 피어 있다

- 「봉선화」 부분

    시인을 만나고 싶어서 "졸졸졸 도랑"을 따라 물을 첨벙거리며 흥얼거려본다. 아, 시인은 꽃반지를 손에 끼고 화관을 만들며 어린 시절 아지랑이의 기억을 떠올리고 있다. 왜 많은 시간이 흘렀을 텐데 그 사건 속으로 되돌아가 어린아이로 수줍게 서 있었을까? 봉선화(鳳仙花)의 봉(鳳)은 봉황새(예로부터 중국 전설에 나오는 상서로운 새)를 뜻한다. 그러나 '봉'과 '선'을 연결한 시인의 의도 말이다. 다른 사전적 해석엔 이런 언급이 있다. "줄기와 가지 사이에서 꽃이 피며 우뚝하게 일어서 봉(鳳)의 형상을 하므로 봉선화라는 이름이 생겼다." 뜻풀이 그대로 읽을 수도 있지만 그녀의 시에 빈번하게 활용되는 중의성이라는 프리즘을 들이대 보면 봉-선-화! '우뚝하게 일어선 꽃'의 의미와 2연 3행에서 "서 있다" 그리고 그것의 발그레한 붉은빛이 꽃을 연상시킴으로 어떤 사건의 층을 이끌고 온다. 아하, 그러니까, 퍼즐이 맞춰지기도 한다. "보슬비 줄기 따라/

적시는 사잇길"에 "너는 봉선화로 발그레 피어있다" 물론 해석은 여러 방식이고 읽는 자가 어떤 "사잇길"에 있든 그 길에서 향기와 놀람의 즐거움을 맛보면 그것으로 충분하다. 성적인 아니마와 아니무스가 이중적으로 넘나드는 이 느낌을 그녀 시에서 만났고 그 결과 언어의 배열이 드러내는 시의 공간에서 아름다움이 더 커졌다면 그것으로 충분하지 않을까? 성의 깊은 내면으로 들어가면 누가 여자이고 남자일까? 단지 그런 역할이 만든 상황이 있는 건 아닐까?

노란 카나리아는 지금도 노래합니다

그녀가 그녀 시-영화의 감독이라면(그 감독이 각본도 쓰고 촬영기사 역할도 해야 하는 1인 영화사라면!) 해가 질 때 카메라를 들고 나선다. 각본을 쓰기도 했고 주인공으로 출연하기도 하는 영화 속 그녀의 상처를 마주하기 위해서다. 그나마 그런 시간이라야 감독조차 숨을 쉴 수 있는 이유이다. 해가 질 때 수평선은 핏빛으로 물들고 어둠은 마치도 그곳에 원래부터 있었다는 듯 "검은 속내를 드러낸"다. 감독은 노을이 끝난 지점에서 무수한 역사 속의 발자국들을 비춰내기 시작한다. 개인의 고통이라는 사적 이야기에 국한되지 않고 사회적, 문화적 영역으로 앵글을 돌린다는 점! 사회, 문화의 층엔 바로 그녀 자신의 무의식도 녹아들어 있고 무수한 이들이 피 흘린 아픔의 발자국들이 찍혀 있다. 그에 대한 깊이 읽기를 통해 어떤 방향을 찾을 수 있지 않을까. 그 발자국은 이미 유해가 되었지만 무수한 전쟁과 누명, 강간, 배고픔……에 죽어간 발자국들은 역사의 환한 중심이 아니라 경계의 평평한 둔덕을 보여준다. 그때 "타버린 바다의 하늘 위로"(하필 그 시간일까?) "한 마리의 노란 카나리아"가 날아간다. 그 모든 어둠의 물감을 뒤섞은 화면 위로 떠 오른 말간 초승달! 감독은 그 순간 노란 카나리아-초승달을 이 영화의 주인공으로 해야겠다고 생각한다.

> 해질녘,
> 핏빛으로 물든 수평선 너머
>
> 검은 속내를 드러낸
> 오히려 경계만이 밝았던 그때
>
> 까맣게 타버린 바다의 하늘 위로
> 한 마리의 노란 카나리아
>
> -「노란 카나리아」 부분

조연일 뿐인 시적 화자는 노란 카나리아에게 간청한다. 넌 나의 작은 새로구나! 난 너의 노래를 들을 수 없었단다. 그러나 이제는 들을 귀가 있다고. "오, 나의 작은 새여/ 너는 노래를 하지 않는도다/ 제발 그 사라진 이름들을 위해/ 노래해다오/ 아름답고도 구슬픈 노래를" 삶이라는 아름답지만 구슬픈 노래를 노란 카나리아에게 들려달라는 요구는 간청으로 끝나지 않는다. 나 또한 그런 삶을 살겠다는 의지, 어둠 속에 피를 흘리지만, 붉은 핏빛이 아니라, 환한 카나리아로 날아오르겠다는 다짐(욕망, 운동에너지). 아마 삶의 특이점에 이르면 그다음 선택은 주체의 시각(방향성)에 따라 블랙홀 속으로 빨려들 수도, 사건의 지평선 밖으로 튕겨 나갈 수도 있지 않을까. 또한 이것을 결정하는 것이 삶의 주체로서 큰 시각의 확보일 텐데, 개인적 감정의 낱알(입자)보다는 보편자로서의 외침(파동)이 아닐까? 가령, 죽음에 이르렀을 때 단지 여섯, 일곱 개의 말로 마지막 말이 한정되듯이 말이다. 이 시-영화 역시 그런 엔딩을 향해 달려간다. 사회·문화적인 무의식에 개인의 드라마를 녹여낸 「노란 카나리아」를 읽어낸 후, 혹시나 궁금해져서 삶의 맛을 그녀에게 물어보면 이렇게 답할 것이다. "아, 레몬 사탕 먹어보셨어요?" 너무 일찍 삶의 맛을 알아버린 건 아닌지.

달콤하지만 시큼한 레몬 사탕

그녀는 살아가면서 이런저런 레몬 사탕을 먹어보곤 했다. 혹시나 하는 희망 때문이었다. 그러나 공통된 맛은 결국 시큼하다는 것, 살면서 달콤한 사탕을 원했는데 아예 그런 건 없는 걸까? 마치 삶의 굴레처럼. 시인은 오늘도 "도시 한편에서" "새벽을 맞이한다" 찬바람이 애가를 연주하는 그 새벽에

턱을 괸 채, 오랜 시간 찬바람의 연주 속으로 귀를 기울인 후에야 그 바람이 슬픈 곡조를 뜯고 있는 부분에 이르렀을 것이다. 그때 바람이 휙, 방향을 바꿔 그녀 몸이 무슨 첼로라도 된다는 듯 코끝을 스쳐 허파 깊숙이 찔러댄다. 아, 그녀는 숨을 멈추고 가만히 몸을 맡겼으리라. 사실 이 곡조는 익히 잘 아는 그것이었다. 그리고 순식간에 뇌를 거쳐 맛의 감각세포로 입안에 터진다. 그 맛을 뭐라고 할까? 그녀가 늘 먹던 레몬 사탕! 달콤한 사탕인데 시큼하다. 시큼하지 않은 레몬 사탕은 없다는 것! 이젠 그녀도 그 맛에 익숙해졌지만 말이다. 삶의 잔인한 수레바퀴! 그건 내 안에 울고 있는 작은 나(들) 때문이라고 알고 있다. 찬바람이 그녀 폐부를 찌를 때 그 작은 나를 비로소 만났으니까. 오, 너였구나! 삶은 시큼한 맛이지만 그걸 알면서도 손을 뻗어 맛본다는 것, 그러니까 울고 있는 너를 달래줄 수 없다는 것, 그게 삶의 이중성이면서 그녀 자신보다 먼저 달려가는 미립자들의 운동이 아닐지.

> 애가(elegy)를 연주하던 찬바람이
> 코끝을 스쳐
> 돌연, 내 폐부를 찌른다
> 시큼한 레몬 사탕 맛!
> 내 모든 역사의 실체이자
> 잔인한 삶의 굴레
>
> 끝을 보고도 달려가야만 하는 어리석음과

내 안에 울고 있는 작은 너를 보면서
달래주지 못하는 내가 한심하구나

-「레몬 사탕」부분

  내가 나를 보고 있는 이 이중성(겹시각), 내 안의 작은 나(들)와의 동거, 이때 하나의 관점이 획득된다. 아, 내가 겁쟁이였구나. 왜, 내 안에서 그토록 오래 울고 있는 작은 나의 요청에 귀를 막았을까? 단지 삶이라는 짐을 지고 묵묵히 사막을 가는 낙타라서? 왜, 낙타여야만 하는가? 다른 무엇이 될 수는 없는가? 그녀는 삶의 끝점에 이르렀음을 안다. 언어로 수습이 안 되는 지점에 그녀는 오랫동안 웅크리고 있었으니까. 그녀 머릿속에 떠오르는 신기루와 같은 이미지들, 아니 머릿속이 아니라 머리 위로 둥둥 떠올라 그녀에게 삶의 끝을 보여준, 감정이 알알이 박힌 이미지들. 그러나 끝점에 이른 자들의 일반적인 경험이듯 거기 방향은 존재하지 않는다. 주저앉을 수도 있고 일어설 수도 있다. 아니면 녹아버리거나 다른 차원으로 건너가 어린 나(삶)를 감싸 안을 수도 있다. 웅크리고 있는 내 안의 나와 이를 바라보고 있는 나, 두 개의 내가 마주보고 있다. 아니, 앞으로는 두 개의 내가 만나 함께 살아갈 것이다. "바람에 파르르 떨며,/ 한 마리 새가 되어 날아가는구나"(「낙엽」 전문)에서처럼 바람에 떨고 있는 나뭇잎을 한 마리 새로 날아오르게 하는 힘은 이 모든 장면을 한 편의 드라마로 지켜보는 또 하나의 시각 때문이다. 여러 마디의 절지

동물처럼 그녀는 마디 하나를 툭 끊어낼 줄 안다. 나뭇잎은 떨어질지언정 드라마는 끝나지 않는다. 관점주의에 따라 마지막 순간을 슬프다고 느낄 수도 있고 자유롭다고 생각할 수도 있다. 그녀 너머 입자들이 그렇게 알려줬다고 하자. 마디 하나쯤 끊어내도 그건 죽음이 아니라고, 다시 그 마디가 돋아난다는 부활에의 굽이침!

나무를 떠나야 할 시간이 왔다는 것은 알지만 누렇게 변한 손모가지로 나무에 들러붙어 사는 이 시간이 그래도 좋다고 바르르 몸을 떨곤 했다. 그러나 문득 시인은 양자중첩과 양자얽힘을 떠올린다. 내가 꼭 여기에만 있을까? 저기에도 내가 있다면? 내가 아는 내가 나의 전부가 아니라면? 이미 오래전부터 알고 있었던 것! 나무에 매달린 잎으로의 시간이 끝났다는데도 구걸하듯 버티기보다 툭, 허공으로 발을 내디디라고. 굴레를 벗어버리면 거기 나뭇잎의 죽음이 기다리는 것이 아니라, 바람 속에 한 마리 새가 되어 날아오를 수 있다고. 바로 그녀가 캄캄한 그곳에서 피를 흘리면서 버텨낸 후 깨우친 바로 그것, 비로소 시간성을 획득한 지점이 아니었을까. 그렇기에 이렇게 노래할 수 있다. "끝없는 지평선을 이루는 빛과 어둠의 경계 사이로의 질주// 한계란 마치 없다는 듯이/ 끝은 존재하지 않는다는 듯이"(「라스베이거스를 떠나며」 부분) 그녀는 빛과 어둠의 사잇길을 알아보았고 그곳으로 달려갔고 마침내 말한다. 삶의 끝은 없다고.

동시성 속 두 마리 고양이

 삶을 살아가기(살아내기)에 있어 강렬함이 중요하다면 마른 나무에서 떨어져 지면에 닿는 짧은 시간, 공중을 나는 한 마리 새로의 환생은 기껏 바람에 목을 빼고 몸을 흔들어대던 삶보다 얼마나 전율의 시간인가. 단지 몇 초지만 빛의 속도보다 멀리 파문이 퍼져나갔다. 새가 되어 날아가는 것은 그녀에겐 다른 차원으로의 진입이고 부활이며 다시 태어날 준비의 시간이 된다. (정말 다시 태어날까?) 이토록 깊은 어둠의 터널을 통과한 후에만 얻어지는 강도의 삶을 선택할 수 있는 용기는 잠재적인 자아와 현실적인 자아의 이중성을 바라볼 수 있는 거리를 그녀가 확보했음을 의미한다. 거리라니? 두 개의 자아를 바라보는 더 넓고 깊은 시야의 깨어남! 그 자아는 2차원과 3차원을 넘나들며 인과율로 꿰맞춰지는 논리로는 삶을 다 해석할 수 없음을 안다. 보이지 않는다고 없는 것은 아니니까. 인간의 가시광선은 얼마나 제한적인가. 그 너머 신비한 무엇이 이쪽을 향해 쉬지 않고 신호를 보내고 있다. 그 결과물로의 시가 「거리의 고양이」가 아닐까. 즉, 그녀는 어느새 언어를 갖고 놀이하고 있다. 아직 부화하지 않은 잠재태로서의 책 속 고양이, 고양이의 상징은 욕망이어도 좋고 시이거나 어떤 대상이어도 좋을 만큼 그 내포적 의미가 크다.

(책장을 넘긴다)

　　괘씸한 고양이
　　나를 할퀸다

　　예리한 칼에 베인 것처럼
　　나의 생채기에서 피가 난다
　　나는 본능적으로 핥고는
　　책을 덮어 고양이 숨통을 누른다

　　(커튼을 젖힌다)

　　고양이 한 마리
　　담장에 앉았다

　　발바닥을 핥으며
　　간밤 내린 비에 젖어
　　떠는 몸으로 열쇠를 푼다

　-「거리의 고양이」부분

　언어는 2차원 평면 속에 갇혀 있는 1차원적 의미의 순열이다. 그녀는 책장을 넘기다 예리한 종이의 빗면에 베었나 보다. 상처가 난 순간, 2차원이 열린 것처럼 그 사건을 책 속 고양이가 할퀸 것이라고 넌지시 말한다. 그리고는 마치도 책 속의 시-고양이-욕망의 숨통을 누르기 위해 책을 덮는다. 책 속에 살고 있던 고양이! 그녀가 일어나 커튼을 젖혔을 때, 칼 융의 동시성 원리가 그녀 방에서 벌어진다. 책 속에 갇힌 고양이가 아니라 담장에 앉아 있는 고양이! 오, 책 속에서 풀려난 고양이가 자기라는 듯, 경계하는 눈빛으로 이렇게 묻는다. "내 숨통을 눌렀던 바로 너, 왜 너 자신을 부정하려는 거지?" 그녀는 우발성이 열어놓은 사건의 시공간에서 다시 책으로 다가가 책장을 열어놓는다. "자, 책 속 고양이는 죽지 않았어!" 그때 담장에 앉아 있던 고양이는 조금 그녀 쪽으로 다가오고 그녀와 고양이와의 거리가 가까워진다. "이만큼,/ 서로의 거리만큼/ 열리는 마음인가 보다" 동시성의 원리를 의식과 무의식의 상호관계라고 이해한 칼 융처럼 개인의 심리 상태가 사물 세계와 일치한 사건을 통해 시 속 그녀에게 조금 다가간 현실의 그녀는 "열리는 마음"을 경험한다.

　　인간의 집단무의식은 원형을 갖고 있으며 이 논리는 코펜하겐 학파의 양자역학과 유사한 현상을 보여준다. 의식을 집중할 때 무의식은 파동(언어)으로 의식에게 메시지를 전한다. 이는 과학분석으로 설명할 수 없는 과정과 결과를 드러내곤 한다. 우주의 모든 존재는 양자얽힘이나 양자중첩 상태에서 공간이나 시간에조차 장애 받지 않는 하나의 우주시스템으로 연결되어 있으며 이 양자들의 얽힘 상태는 최초의 우주 탄생으로 거슬러 올라 서로 정보를 나눈 채 팽창하면서 입자를 만들고 가스구름을 일으키고 마침내 행성의 운행이 시작

되어 결국 인간이란 유기물이 탄생되었다는 우주 역사의 파노라마를 보여준다. 얼마나 신기한 일들이 많은가. 내가 그 사람을 골똘하게 생각할 때 그 사람이 아무리 먼 거리에 있어도 문득 전화가 오는 경험! 또 시를 생각할 때면 공중이 움푹, 패인 것처럼 늘 까치 한 마리가 내 창문 앞 가로등에 한참을 앉아 있곤 한다. 최은영 시인은 2차원과 3차원을 넘나들며 혹은 의식과 무의식을 건너뛰며 고양이를 불러낸다. 고양이를 시-욕망-에너지로 읽어낸다면 거리를 돌아다니는 고양이가 한층 그녀의 시(집) 곁으로 다가온 것이다. 그녀가 우주의 끝점(삶의 끝점)에 이르러 미립자의 운동을 읽어낼 수 있는 언어 마술사가 되길 열망해본다.